Single Mom GO HAPPY

FINDE LEICHTIGKEIT IM FAMILIENLEBEN

Anke Kerstin Huber

Impressum

Bibliografische Information der Deutschen Nationalbibliothek:
Die Deutsche Nationalbibliothek verzeichnet diese Publikation
in der Deutschen Nationalbibliografie; detaillierte bibliografische
Daten sind im Internet über dnb.dnb.de abrufbar.

© 2021 Anke Kerstin Huber

Herstellung und Verlag: BoD – Books on Demand,
Norderstedt

ISBN: 978-3-7543-4103-2

Für alle Alleinerziehenden

Vorwort

Sicher kennst auch Du es, wenn einem alles zu viel wird und man am liebsten den Kopf in den Sand stecken und abschalten möchte. Es geht aber nicht, denn wir wollen uns ja um unsere Kinder kümmern und außerdem eine gute Mutter sein. Dieses Gefühl kurz vorm Durchdrehen oder auch kurz vor der Erschöpfung, ja, ich kenne das auch gut. Sehr gut sogar. Und jetzt einmal tief durchatmen bitte. Du bist nicht allein. Es gibt so viele, denen es genauso geht wie Dir. Und die gute Nachricht ist, mit verschiedenen Techniken und Übungen kannst Du Dich da heraus holen und nachhaltig etwas verändern. Für Dich und für Deine Kinder.

Dieser Ratgeber richtet sich an alle Mamis und Papis, vor allem aber an jene die alleinerziehend, erschöpft und müde sind. Er richtet sich an alle, die bereit sind aktiv etwas zu ändern, um ihr Leben ein Stückchen einfacher und unbeschwerter zu machen. Ich habe das Rad nicht neu erfunden, vielmehr findest Du in diesem Buch ein Sammelsurium an praktischen Übungen und Techniken, die ich über die Jahre zusammengetragen habe und die mir und anderen Müttern und Vätern sehr geholfen haben; und an denen ich persönlich sehr gewachsen bin. Inspiriert von vielen verschiedenen Lehrern.

*„Du bist der wichtigste Mensch im
Leben Deines Kindes."*

Bitte verstehe diesen Ratgeber als Nachschlagewerk, wann immer Du es brauchst. Es soll Dir als Inspiration dienen und als Möglichkeit in Deinen inneren Frieden einzutauchen oder Techniken anzuwenden, wann immer es nötig ist und in Dein Leben passt. Du kannst die Übungen nach und nach anwenden, je nachdem was Dir gerade am besten tut oder worauf Du Lust hast. Oder einfach nur jene, die Dich ansprechen und die Du umsetzen kannst und willst.

Mir ist es ein Herzensanliegen, Dir mehrere Möglichkeiten an die Hand zu geben, die Dir helfen und, die Dich wieder glücklicher und zufriedener machen können. Die Dir zeigen, dass Du ein wunderbares Wesen bist und dass Du Dein Leben jeden Tag verbessern kannst, wenn Du es willst und das Du Deine Sache gut machst. Es beginnt mit einem kleinen ersten Schritt. Mit der inneren Sicht auf die Dinge und dem Willen etwas zu zum Besseren zu ändern.

„Ich kann mich, meine Sicht auf die Dinge und meine Welt jederzeit ändern. "

Möge dieser Ratgeber Dir zur richtigen Zeit hilfreiche Wege an die Hand geben, die Dir und Deiner Familie helfen den Fokus auf die schönen Dinge des Lebens und auf Chancen und Möglichkeiten zu richten.

Wichtig: Dieser Ratgeber will keine psychologische Hilfe oder Therapieansatz sein, sondern ein Praxis-Ratgeber, den Du immer wieder zurate ziehen kannst mit Übungen, die sofort helfen und gleich umsetzbar sind. Vor allem aber soll er Dir helfen in besonders stressigen Situationen oder in Zeiten, in denen Du Dich erschöpft und ausgepowert fühlst. Die enthaltenden Übungen - wenn regelmäßig ausgeführt - bringen Entspannung, innere Ruhe und dadurch neue Energie, Lebensfreude und Zuversicht.

Beachte:

Wenn Du verzweifelt und traurig bist oder nicht mehr weiter weißt, dann hole Dir bitte professionelle Hilfe bei einem Arzt oder Heilpraktiker, einem Psychologen oder Therapeuten oder der Seelsorge.

Gliederung

Eigene Geschichte

Ich war bereits in der Schwangerschaft ohne den Vater oder einen anderen Partner an meiner Seite. Eine Unterstützung seitens des Kindvaters gab es nicht und auch meine Eltern waren nicht in der Nähe, um mich zu unterstützen als mein Baby geboren war. Dauernde Schlafunterbrechungen, dazu noch ein pflegebedürftiger Hund und ein Kind, dass über eine lange Zeit nicht durchgeschlafen hat, brachten mich an meine Grenzen. Dazu kamen noch Zukunftsängste, finanzielle Sorgen und das Gefühl als Mutter nicht genug geben zu können, nicht genug zu sein. Erschöpfungszustände, Ängste, Traurigkeit und Überforderung überrollten mich. Ich war in der Opferrolle und bemitleidete mich und mein Kind. Dieser Zustand hielt an, bis mein Kind fast 4 Jahre alt war.

Im Nachhinein gesehen war diese Phase meines Lebens der Anfang eines Weges, für den ich heute sehr dankbar bin. Es brachte mich in die Situation etwas ändern zu wollen, mein Wohlergehen selbst in die Hand zu nehmen und meine Einstellung und Haltung zu ändern. Ich begann täglich eine bestimmte Zeit morgens ganz für mich alleine einzuplanen und startete mit einfachen Meditationstechniken, mit Yoga-Übungen gegen meine Nacken- und Rückenverspannungen und las diverse Bücher von Thich Nhat Hanh, Don Miguel Ruiz, Kurt Tepperwein, und weiteren inspirierenden Menschen.

Das Leben ist nicht perfekt. Wir Menschen sind nicht perfekt. Doch lieber sind wir Eltern, die Fehler machen, authentisch sind und daraus lernen, als dass wir denken, wir müssen immerzu stark sein und dann daran irgendwann zerbrechen. Es gibt nicht den einen, richtigen Weg. Es gibt viele Lebenskonzepte und Wege und jeder ist anders. Das Wichtige ist, dass wir an uns glauben, guter Dinge sind, uns und anderen verzeihen können und unseren Kindern Liebe und Zeit schenken können. Wenn es uns Eltern gut geht, sind wir stark und haben Freude am Leben. Dadurch sind wir gute

Vorbilder für unsere Kinder, denn Kinder lernen vor allem durch Vorgelebtes. Mach Dich zur wichtigsten Person Deines Lebens! Deine Kinder werden davon profitieren.

Ich selbst stecke immer noch im Prozess. Auch bei mir gibt es immer wieder Situationen, in denen ich mir die Haare raufe und am liebsten laut schreien möchte. In diesem Buch geht es darum Techniken an die Hand zu bekommen, die uns helfen wieder in die innere Ruhe zu kommen. Unsere Emotionen als Beobachter wahrnehmen zu können und aktiv etwas ändern zu können, anstatt ein hilfloses Opfer unserer Emotionen zu sein und dann Dinge zu tun oder zu sagen, die unsere Kinder und damit uns selbst verletzen können.

1.

Meditationen,
Achtsamkeit-Übungen
& Selbstliebe

Single Mom GO HAPPY
Anke Kerstin Huber

In diesem Kapitel findest Du Übungen, die Dir helfen in Deine innere Ruhe und Kraft kommen. Diese kurzen aber sehr effektiven Meditationen und Übungen, helfen Dir sowohl kurz - als auch langfristig.

Was es dir bringt: Schnelle Entspannung, Ruhe, Frieden, Mitgefühl, Selbstliebe, Mut, Selbstvertrauen

Die kurzen Übungen haben, wenn sie regelmäßig ausgeführt werden, einen großen Effekt. Keine Sorge, sie sind sehr kurz (1- 15 Minuten), haben trotzdem einen Effekt und passen auch in einen vollgepackten Alltag. Räume Dir ein paar Minuten an Deinem Tag dafür ein, z. B. morgens, direkt nach dem Aufstehen oder abends vor dem Schlafgehen. Die Achtsamkeits-Übungen kannst Du während Deiner täglichen Tätigkeiten, wie beispielsweise Hände waschen, Abspülen, Wäsche zusammen legen oder Putzen ausführen.

„Meditieren und beten hilft, unsere Welt schöner und besser zu machen. "

Suche Dir eine oder zwei Übungen aus, die am besten zu Dir passen! Ich stelle Dir hier verschiedene Möglichkeiten vor, aus denen Du jene wählen kannst, die für Dich am stimmigsten sind. Eine einzige dieser Übungen, täglich praktiziert, kann Dir schon helfen, ruhiger und entspannter zu werden.

MEDITATIONEN

Durch das tägliche morgendliche Meditieren (anfangs reichen schon 5 bis 10 Minuten) kannst Du viel ruhiger und gelassen werden. Das heißt weniger Sorgen und kein ständiges Aufregen über Situationen und Lebensumstände. Alleine dadurch kannst Du schon glücklicher und entspannter in den Tag starten.

Was bringt es dir? Ausgeglichenheit, Ruhe, Frieden, Entspannung

Wieviel Zeit kostet es dich? 5 - 10 Minuten täglich.

Was ist dabei wichtig? Ruhe. Tägliches Üben. Ablenkungen ausschalten. Handy aus oder stumm schalten.

Für die folgenden Meditationen ist es nicht notwendig viele Minuten zu praktizieren. Es ist allerdings wichtig sie regelmäßig auszuführen. Schon 5 Minuten täglich haben große Effekte auf Dein Wohlbefinden! Die beste Zeit dafür ist morgens direkt nach dem Aufstehen oder abends vor dem Schlafengehen. Aber natürlich kannst Du sie auch zwischendurch, wenn Du Ruhe und Zeit hast ausführen. Schon diese wenigen Minuten täglich reichen aus, um wirklich spürbar etwas zu verändern, um ruhiger zu werden und unsere innere Stimme wieder zu hören. Allerdings brauchst Du etwas Geduld und solltest Dich jeden Tag darin üben. Dabei ist es unerheblich welche Meditation du wählst. Wichtig ist, dass Du jeden Tag, zumindest kurz, in diesen inneren Raum der Ruhe eintauchen kannst und achtsam bei der Sache bist.

Wichtig: Es ist ok, wenn du viele Gedanken während der Meditation hast, versuche sie ziehen zu lassen, wie Wolken am Himmel oder Blätter, die vom Wind weggeweht werden. Denke Dich nicht tiefer in das Thema hinein, halte nicht fest an den Gedanken sondern lasse sie los. Mit der Zeit werden die Gedanken weniger.

KERZEN-MEDITATION

Diese kurze Meditation hilft Dir, Dich zu fokussieren. Sie ist die perfekte Einsteiger-Meditation und erleichtert es Dir, Dich auf das zu konzentrieren was Du gerade tust. Damit tust Du Dir später leichter in andere Techniken der Achtsamkeit oder Meditation einzusteigen.

Was bringt es dir? Fokussierung, Entspannung

Wieviel Zeit kostet es dich? 3 - 5 Minuten täglich.

Was ist dabei wichtig? Ruhige Umgebung. Tägliches Üben.

Ablenkungen ausgrenzen. Handy aus.

Schaffe dir einen Platz, an dem Du entspannt ein paar Minuten lang sitzen kannst. Du kannst Dir wenn Du möchtest einen Timer für 5 Minuten setzen

Entzünde eine Kerze. Beobachte jetzt die Flamme, wie sie sich bewegt, welche Farbe sie hat. Dann konzentriere Dich auf den Schein, der die Kerzenflamme umgibt. Konzentriere Dich nur auf die Flamme.

KURZE ATEM-MEDITATION

Wann immer Du arg gestresst bist oder schnelle Entspannung brauchst, kannst Du diese wirklich kurze Übung durchführen.

Was bringt es dir? Schnelle Entspannung

Wieviel Zeit kostet es dich? 1- 2 Minuten

Was ist dabei wichtig? Ruhige Umgebung

5 Sekunden einatmen

5 Sekunden Luft anhalten

5 Sekunden ausatmen

3 x wiederholen

MEDITATION UM ANGST UND SORGEN
LOSZULASSEN

Mit dieser kraft- und wirkungsvollen Meditationstechnik kannst Du Dich von Ängsten und Sorgen befreien. Dabei ist es gleich um welche Art von Ängsten es geht: Existenz-Ängste, finanzielle Sorgen, Angst vor Verlust und weitere.

Was bringt es Dir? Befreiung, Zufriedenheit, Hoffnung

Wieviel Zeit kostet es Dich? 5 Minuten

Was ist dabei wichtig? Konzentration, Ruhe

Bei dieser Meditation ist das Ausatmen besonders wichtig.

Bitte versuche die Luft komplett aus Deiner Lunge zu pressen und wenn Du denkst es geht nicht mehr, versuche es noch trotzdem weiter. Es ist wirklich wichtig für diese Art der Meditation, die besonders wirksam ist bei Ängsten und Sorgen.

Setze Dich in eine für Dich bequeme Postion und schließe die Augen.

Atme tief ein und dann besonders lang und heftig aus. Das Ausatmen so lange verstärken bis Du wirklich nicht mehr kannst.

Wiederhole das und währenddessen stellst Du Dir ein Dreieck vor Deinem geistigen Auge vor, dass Du mit Deinem Ausatmen mit Rauch ausfüllst.

Wiederhole das noch zwei bis drei mal und bei jedem Ausatmen stellst Du Dir jetzt vor wie Du das Dreieck mit Rauch immer weiter weg pustest. So lange bis es nur noch ein kleiner dunkler Punkt ist, der dann am Horizont explodiert und sich in goldenem Regen langsam auf Dich ergießt. Erst über Deinen Kopf und Deine Schultern, dann über Deine Brust und Deinen Rücken bis über Deine Hüften und Beine bis hinab zu Deinen Füßen.

Wiederhole diese Meditation wann immer Du sie brauchst.

SCHAMANISCHES RITUAL UM ÄNGSTE UND SORGEN LOSZULASSEN

Es gibt ein sehr wirkungsvolles schamanisches Ritual, um Ängste und Sorgen loszulassen.

Was bringt es dir? Befreiung, Vertrauen, Leichtigkeit

Wieviel Zeit kostet es dich? 5 - 20 Minuten

Was ist dabei wichtig? Eine sichere Feuerstelle

Für dieses Ritual benötigst Du ein Feuer und einen kleinen, dünnen Stock. Wenn Du zu Hause keinen Holzofen hast, kannst Du auch draußen in der Natur ein kleines, sicheres Lagerfeuer machen.

Wenn Du ein passendes Stöckchen gefunden hast, nimmst Du es an Deinen Mund und pustest drauf. Du pustest alle Deine ganz persönlichen Ängste und Sorgen darauf. Wenn Du fertig bist, übergibst Du ganz bewusst dieses Stöckchen dem Feuer und beobachtest wie es verbrennt.

ATEM MEDITATIONEN MIT MANTRA / AFFIRMATION

Ich atme Vertrauen und Zuversicht ein

Und Ängste und Sorgen aus

Ich atme Freude und Leichtigkeit ein

Ich atme Sorgen und Zweifel aus

MEDITATION MIT MANTRAS / JAPA-MEDITATION

Setze Dich an einen bequemen Platz. Schalte Handy, Radio und Fernseher stumm oder aus.

Wähle ein Mantra, dass Dir in der jetzigen Situation zusagt.

Wiederhole dieses immer wieder.

Im Buddhismus und im Hinduismus wird traditionell eine Malakette für diese Art der Meditation genutzt. Die Mala hat 108 Perlen. Eine jede Perle für ein Mantra. Durch das 108-malige Wiederholen des Mantras manifestiert es sich in Deinem Unterbewusstsein.

GEH-MEDITATION

Gehe ein paar Minuten spazieren und nehme dabei bewusst wahr, wie Deine Füsse den Boden berühren. Achte auf Deine Zehen, Deine Fußballen und Deine Fersen. Nehm bewusst wahr dass Deine Füsse Dich tragen. Wohin zu willst. Achte auf jeden Schritt und gehe jeden Schritt bewusst. Achte auf Deinen Atem der ein und aus fließt. Du kannst auch die Geräusche Deiner Umgebung bewusst wahrnehmen.

Was bringt es dir? Entspannung, Zufriedenheit

Wieviel Zeit kostet es dich? 10 Minuten - open end

Was ist dabei wichtig? Gedanken ziehen lassen und bewusstes gehen.

MEDITATIONS-GEBET

Dieses Meditations-Gebet ist das Gebet einer buddhistischen Nonne für ein gütiges, liebendes Herz und für Mitgefühl gegenüber allen Lebewesen.

Was bringt es dir? Mitgefühl, Verbundenheit, Frieden

Wieviel Zeit kostet es dich? 1 - 2 Minuten

Was ist dabei wichtig? Ruhige Umgebung

„Mögen alle Lebewesen glücklich sein.

Mögen alle Lebewesen sich sicher und geborgen fühlen.

Mögen alle Lebewesen gesund sein.

Mögen alle Lebewesen unbeschwert und mit Leichtigkeit durchs Leben gehen.“

* Aus der Happinez Nr. 1 2020. Sonja / Nonne Jutta Richter.

ACHTSAMKEIT

Die folgenden Tätigkeiten erden uns und wenn wir sie mit Hingabe und Konzentration ausführen, sind sie wunderbare Achtsamkeit-Übungen, die uns nachhaltig gut tun. Es geht vor allem darum, das was wir tun mit Aufmerksamkeit für die Sache zu tun und unseren Fokus nur darauf zu richten. Ich meine damit, dass wir währenddessen nicht mit unseren Gedanken woanders sind, sondern ganz bei der Tätigkeit, die wir gerade ausführen. Ganz gleich ob es abwaschen ist, oder Hände waschen oder spazieren gehen.

Was bringt es dir? Inneren Frieden

Wieviel Zeit kostet es dich? Keine Extra-Zeit

Was ist dabei wichtig? Konzentration auf die Sache

Am besten hängst oder stellst Du Dir dafür ein Erinnere-Mich auf.

Die kleinen Achtsamkeits-Übungen helfen uns im jetzigen Moment zu sein und zu bleiben, statt ständig in Gedanken in der Zukunft oder Gegenwart zu sein. Dadurch nehmen wir unsere Welt so wahr wie sie ist, sie passiert im Hier und Jetzt. Gedanken über die Zukunft bereiten uns oft Ängste und Sorgen. Wir sorgen uns um eventuell eintretende Umstände und dabei können wir gar nicht wissen ob es wirklich so sein wird. Es ist eine Illusion. Und die Vergangenheit können wir nicht mehr ändern, sie ist bereits geschehen. Wir lassen diese idealerweise bewusst los.

(Nach Thich Nah Than)

TÄTIGKEITEN DES ALLTAGS

ACHTSAMKEIT SCHENKEN

Wir neigen dazu viele Tätigkeiten des Alltags so schnell wie möglich zu erledigen. Dabei hilft es uns, das Leben weniger gestresst zu empfinden und bewusst zu erleben, wenn wir allen Tätigkeiten in unserem Leben mehr Aufmerksamkeit schenken und diese ganz bewusst erleben.

Es fängt schon mit der Tasse Tee oder Kaffee am Morgen an. Wenn wir es schaffen diese ganz bewusst und Schluck für Schluck zu trinken, dann ist das schon Frieden und Entspannung pur. Ein altes asiatisches Sprichwort heißt nicht umsonst „in einer Tasse Tee liegt der ganze Frieden".

Oder nehmen wir zum Beispiel das Händewaschen. Das nächste Mal, wenn Du also Deine Hände wäschst, kannst Du z. B. wahrnehmen wie sich das Wasser auf Deinen Händen anfühlt oder wie die Seife duftet, die Du benutzt.

Das gleiche gilt fürs Abwaschen und alle anderen Routine-Tätigkeiten, die wir sonst gerne nebenbei erledigen.

Selbstliebe

Diese kleine und sehr kurze Übung hilft Dir Deine Selbstliebe zu stärken und Dich regelmäßig daran zu erinnern, dass Du richtig bist so wie Du bist. Und das Du es wert bist geliebt zu werden. Es steckt so viel mehr in uns, als die meisten von uns glauben. Glaube an Dich! Du bist zu allem fähig was Du wirklich willst. Du kannst Deine Sicht auf die Dinge jederzeit ändern und damit änderst Du Deine ganze Welt. Und die Deines oder Deiner Kind*er auch.

Was bringt es dir? Mehr Selbstliebe und Wertschätzung

Wieviel Zeit kostet es dich? 1 Minute

Was ist dabei wichtig? Achtsamkeit

Klopfe leicht mit den Fingern Deiner Hand auf die Stelle zwischen Deiner Brust, bzw. Deinem Brustbein - dem Ort Deines Herz Chakras.

Spreche dabei langsam die Worte:

Ich liebe mich.

Ich achte mich.

Ich respektiere mich und
ich verneige mich vor meiner wahren Größe.

Ein weiterer schöner Akt der Selbstliebe ist das eigene Verwöhnen. Koche zum Beispiel für Dich selbst wie für einen Dir besonders wertvollen Menschen. Mit Kerzen und einem schön gedeckten Tisch. Wertschätze Dich selbst. Verwöhne Dich. So als hättest Du jemanden, den Du sehr liebst, zum essen eingeladen.

Das kannst Du beispielsweise auch mit einem wohl duftenden Bad tun oder was auch immer Du gerne magst.

2.

Dankbarkeit

Single Mom GO HAPPY
Anke Kerstin Huber

Dankbarkeit hat eine unglaubliche Kraft und ist ein ganz großer Hebel für uns, um uns selbst wieder auf die schönen und guten Dingen in unserem Leben aufmerksam zu machen und die Energie darauf zu lenken. Es sind oft die kleinen Dinge, die wir als selbstverständlich erachten, was sie aber keineswegs sind. Eine Umarmung unserer Kinder oder ein gemaltes Bild von ihnen, ein kleiner Zettel auf dem steht: Mama ich liebe dich. Oder ein gutes Gespräch mit einem lieben Menschen. Oder einer unser Lieblingssongs, den wir heute gehört haben, die Blumen am Wegesrand, der Baum vor unserem Fenster und so vieles mehr.

Es gibt so viele Menschen auf der Welt, die vieles was uns als selbstverständlich vorkommt nicht haben. Immer wenn es mir nicht gut geht, dann setze ich mich hin, atme tief durch und bin dankbar, dass ich ein gesundes Kind habe, selbst gesund bin und genug zu essen habe, dass wir es warm und trocken haben. Diese

Grundbedürfnisse sind keineswegs selbstverständlich und es hilft uns enorm, wenn wir uns das bewusst machen.

Aber auch ein tägliches kleines Dankbarkeitsritual kann helfen, die guten Dinge in unserem Leben zu sehen. Es vermag unsere Grundeinstellungen und Sichtweisen auf das eigene Leben positiv zu beeinflussen. Außerdem fördert das enorm die Zufriedenheit und sorgt für einen entspannten Schlaf.

DANKBARKEITS-TAGEBUCH

Führe ein Tagebuch für einen bestimmten Zeitraum, in dem Du täglich niederschreibst für was Du heute dankbar bist. Ein Tagebuch über 30 Tage hilft uns dabei, das Glas als halb voll, anstatt halb leer zu sehen.

Was bringt es? Fokus auf das Gute, Dankbarkeit, Zufriedenheit

Wie lange dauert es? 5 - 10 Minuten täglich

Was ist dabei wichtig? Dran bleiben

Schreibe jeden Abend auf, für was Du an diesem Tag dankbar warst. Und für was Du generell in Deinem Leben dankbar bist. Dieses Tagebuch kannst Du auch mit Deinen Kinder führen und immer wieder lesen, wann immer Du es brauchst.

DANKBARKEITS-TAGEBUCH FÜR UNSERE KIDS

Kaufe Deinem Kind oder Deinen Kindern, wenn sie schon lesen und schreiben können, ein schönes Notizbuch. In diesem sollen sie jeden Abend 3 positive Dinge von Tag aufschreiben.

Das fördert Zufriedenheit, Selbstbewusstsein und den Fokus auf das Gute. Sie lernen dabei, das positive zu sehen, sich ihren Gefühlen bewusst zu werden und dazu zu stehen.

3.

Liebevolle

Kommunikation

Single Mom GO HAPPY

Anke Kerstin Huber

FRIEDLICHES KOMMUNIZIEREN, EINANDER VERSTEHEN
UND RESPEKTIEREN

Viele kennen das. Wie meistens gibt es viel zu tun und dann wollen unsere Kinder uns etwas mitteilen oder erzählen, aber wir hören nicht richtig zu. Das kann ein Kind verletzen oder dazu führen, dass es uns weniger von sich und seinen Gedanken, Gefühlen und Erlebtem berichten. Dabei ist es so wichtig, dass wir Teil nehmen am Leben unserer Kinder.

Das bringt Verbundenheit und gibt dem Kind das Gefühl, dass es nicht allein ist. Auch Meinungsverschiedenheiten mit unseren Kindern oder Prostete dieser sind Teil des Familienlebens. Die folgenden Techniken können dabei helfen, die Kommunikation mit unseren Kindern wesentlich zu verbessern. Und dazu führen, dass sie sich uns gegenüber gern mitteilen und ihre Erlebnisse mit uns teilen. Das trägt zu einem gesunden und starken Familienverbund mit unseren Kindern bei. Sie helfen auch dabei, Konflikte besser zu lösen.

Die folgenden Methoden und Techniken können uns dabei helfen, grundsätzlich friedlicher und gelassen zu kommunizieren.

RICHTIG ZUHÖREN UND
BUDDHISTISCHE MANTRAS

Ausreden lassen und echtes Zuhören kommt in unserer Gesellschaft oft viel zu kurz. Dabei ist es essentiell für eine liebevolle Kommunikation. Vor allem Kinder merken sofort, wenn wir Erwachsene nicht richtig bei der Sache sind.

Was bringt es? Verbundenheit, Frieden

Wieviel Zeit braucht es? Verschieden und sehr individuell

Was ist dabei wichtig? Konzentration auf unseren Gesprächspartner

Nimm Dir Zeit, wenn Dein Kind Dir etwas erzählen möchte, auch wenn Du schon weißt was es sagen will. Das fördert die Bindung und das Vertrauen (und unsere Geduld).

Buddhistische Kommunikation nach Thich Nhat Hanh

BUDDHISTISCHE AFFIRMATIONEN

Diese Sätze von dem buddhistischen Mönch Thich Nhat Hanh mögen zwar auf den ersten Moment komisch klingen, wenn Du sie zu einem lieben Menschen oder Deinem Kind sagst, aber sie haben eine enorm große Wirkung auf alle Beteiligten. Und sie können uns dabei helfen das, Gespräch in eine ganz andere, in eine friedvolle und liebevolle Richtung zu lenken.

Was bringt es dir? Friedliche Kommunikation

Wieviel Zeit kostet es dich? Wenige Minuten

Was ist dabei wichtig? Ernst meinen

Ich weiß, dass Du da bist und deshalb
bin ich glücklich.

Ich fühle, wie es Dir geht und deshalb
bin ich für Dich da.

Dies ist ein glücklicher Moment und
ich bin dankbar dafür.

ERZIEHUNG ODER BEZIEHUNG?

Kinder begleiten aber eigene Grenzen setzen

Im Leben mit unseren Kindern kommen wir immer wieder an unsere Grenzen. Der Alltag war wieder anstrengend, die Kinder wollen nicht hören, helfen nicht mit oder sind frustriert. Wer kennt das nicht? Entscheidend ist aber auch hier, wie wir damit umgehen. Wenn wir versuchen aus der verurteilenden Sprache, wie „Du hast…" oder „ Du bist faul, dickköpfig, stur…." in eine Sprache zu gehen, die unsere eigenen Gefühlen und Emotionen beschreibt, die wir dabei haben und sagen was uns wichtig ist, geben wir unseren Kinder damit einen handfesten Grund. Sie können dadurch den Grund unserer Bitte erkennen und besser verstehen. Auch wenn sie nicht der gleichen Meinung sind, bringt es im Verständnis für einander sehr viel.

Ich nenne das die ICH-Sprache, eine Sprache, die die eigenen Bedürfnisse ausdrückt, statt den anderen zu verurteilen. Außerdem lernen die Kinder dabei ebenfalls ihre Bedürfnisse zum Ausdruck zu bringen.

Was bringt es dir? Verständnis, friedliche Kommunikation

Wieviel Zeit kostet es dich? Individuell

Was ist dabei wichtig? Dabei bleiben, umdenken, auch mal über den eigenen Schatten springen

Wichtig dabei ist, dass wir als Eltern klar sind und dabei unsere eigene Haltung oder Gefühle zum Ausdruck bringen können. Kinder brauchen Klarheit und können damit sehr gut umgehen.

Beispiele:

"Ich möchte nicht, dass Du da hinaufklettertest, weil ich dabei ein unsicheres Gefühl habe und mir Sorgen mache."

Oder:

„Nein, heute darfst Du kein Fernsehen mehr schauen, weil ich möchte, dass Du Dich gesund entwickelst und ich die Verantwortung dafür trage, solange Du noch jung bist."

Oder:

„Ich möchte das Du heute endlich Dein Zimmer aufräumst, weil Ordnung mir sehr wichtig ist."

Dafür gibt es unendlich mehr Beispiele. Manchmal ist es nicht so einfach den eigenen Grund für etwas herauszufinden. Aber mit ein bisschen Übung und eigenem Hinterfragen, klappt das immer besser und integriert sich irgendwann in unsere Sprache.

Die vier Versprechen von Don Ruiz

Das wunderbare Buch „Die vier Versprechen" von Don Miguel Ruiz ist für mich eine große Inspiration und Hilfe in meinem Prozess. Im Wesentlichen geht es darum, dass wir gut mit uns selbst umgehen und wie wir unsere Worte wählen. Es geht um alte Muster, die wir haben und wie wir diese durch neue ersetzen können. Und um das Wissen jederzeit alles ändern zu können, wenn wir es möchten. Um Selbstliebe, Unabhängigkeit und Klarheit. Es geht um Versprechen, Dir selbst gegenüber.

* Gehe verantwortlich mit Deinen Worten um, gegen Dich und Andere. Wähle Deine Worte weise und bewusst, denn Worte haben Macht. Sie können wie Balsam wirken oder wie Messerklingen.

* Nimm nicht alles persönlich. Wisse wer Du bist. Sei Dir Deiner selbst sicher. Sei unabhängig von der Bestätigung Anderer, denn jeder sieht die Welt aus seiner ganz eigenen Perspektive.

* Stelle keine falschen Vermutung an, sondern frage nach. Sei so klar wie möglich in Deiner Kommunikation.

* Gib immer Dein Bestes, bedenke aber, dass Dein Bestes auch Tagesform-abhängig ist.

* Tue die Dinge um ihrer selbst willen, aus Überzeugung und Leidenschaft.

WIE DU DEINE MUSTER DURCHBRECHEN KANNST

* Sei Dir bewusst, dass Du alles tun kannst was
Du möchtest.

* Mach Dir bewusst, welche antrainierten
Muster und Normen Dich unglücklich machen
und ersetze sie durch Neue.

* Vergib allen, die Dich verletzt haben, dann
auch Dir selbst. Denn das ist ein ganz großer
Schlüssel für Zufriedenheit.

* Lebe jeden Tag, als wenn es Dein letzter wäre.
Mache jeden Tag das Bestmögliche daraus.

UMGANG MIT WUT

Wut darf sein und sollte nicht unterdrückt werden, das ist ein wichtiger Punkt für die Entwicklung unserer Kinder.

Das sogenannte Erpressen „wenn dann", lässt sich nicht immer vermeiden, sorgt aber vor allem in emotionalen angestauten Situationen bei vielen Kindern für eine Wut, die sich über eine lange Zeit halten kann.

Was bringt es dir? Befreiung, Gelassenheit

Wieviel Zeit kostet es dich? Sehr individuell

Was ist dabei wichtig? Im richtigen Moment umschalten und bewusst anders reagieren

Es kann sehr befreiend sein, die Wut einfach rauszuschreien oder in ein Kissen zu schreien oder irgendwo drauf zu hauen (auf etwas, das nicht kaputt gehen kann und nicht verletzt, wenn wir darauf hauen, zum Beispiel ein Kissen). Wenn wir es schaffen, diese Energie der Wut hinaus zu schreien, frei zu lassen, dann wird sie in etwas Gutes verwandelt und wir fühlen uns danach frei.

Wenn wir aber jemandem die Schuld geben (auch uns selbst), dann ist diese Wut destruktiv, hängt uns lange nach, zieht unsere Energie und wir fühlen uns danach ausgepowert.

4.

Vergebung und Umgang mit Streit und negativen Emotionen

Single Mom GO HAPPY
Anke Kerstin Huber

Das Vergeben ist ein zentraler und sehr wichtiger Punkt in diesem Buch und hilft dabei glücklicher und zufriedener zu werden. Anderen vergeben und auch sich selbst, ist wie auch schon Don Ruiz sagt, ein ganz großer Schlüssel für Zufriedenheit.

Vergebung nach einem Streit

Vergebung vor dem Schlafen gehen oder der kurzzeitigen Trennung mit dem geliebten Kind und jedem anderen Menschen, der uns nahe steht ist wichtig, um den Ärger und Frust nicht mit sich herumzutragen. Mit einem gutem Gefühl einschlafen oder auseinander gehen - das hilft ungemein dabei, die Verbundenheit und die Liebe innerhalb der eigenen Familie zu fördern.

Ho´oponopono Vergebungsritual

Das Ho`oponopono Ritual ist ein uraltes Vergebungsritual aus Hawaii. Es wurde von den hawaiianischen Schamanen angewendet und überliefert. Und ist heute eine in den USA anerkannte Therapie. Die Hawaiianer nutzen es, um innerhalb ihrer Familien Unstimmigkeiten und Konflikte zu lösen. Dabei gehen sie davon aus, dass alle Menschen miteinander verbunden sind.

Was bringt es Dir? Inneren Frieden, Zufriedenheit, Familienzusammenhalt

Wieviel Zeit kostet es dich? Ein paar Minuten

Was ist dabei wichtig? Ehrlich meinen und nicht zu lange warten

Dieses Ritual hat eine unglaubliche Heilungskraft, auch auf unterbewusster Ebene. Du kannst es anwenden wann immer Dir danach ist, vor allem aber in Streitsituationen. Es verhilft Dir und Deinem Kind dabei den Konflikt zu sehen, anzunehmen und dadurch aufzulösen und loszulassen. Das ist unglaublich befreiend und bringt sofortige Vergebung.

Im Wesentlichen sind es diese 4 Sätze:

Es tut mir leid.

Bitte verzeihe mir.

Ich liebe Dich.

Danke.

Wenn Du Gott miteinbeziehen möchtest, dann kannst Du das Vergebungs-Mantra auch folgendermaßen sprechen:

Ich liebe dich Gott. Es tut mir leid lieber Gott. Ich vergebe und verzeihe mir meine Fehler, lieber Gott. Ich danke für die Möglichkeit los zulassen, lieber Gott. Ich liebe mich und Dich, lieber Gott.

Hier findest Du die Details zu diesen vier machtvollen Sätzen.

Es tut mir leid.

Dadurch akzeptieren wir das Negative in uns. Wir nehmen wahr, dass wir leiden und verbinden uns mit unseren Gefühlen.

Bitte verzeihe mir.

Bitte verzeihe mir, dass ich Dich verletzt habe und dass ich Dich oder die Situation verurteilt habe.

Ich liebe dich.

Ich liebe Dich und ich liebe mich. Ich liebe und akzeptiere die Situation so wie sie ist. Ich liebe mich und Dich bedingungslos mit all unseren Fehlern und Schwächen. Ich liebe was ist und habe Vertrauen, dass diese Situation mich weiterbringt.

Danke.

Danke für die Erkenntnis. Danke, dass das Wunder der Heilung bereits zu mir unterwegs ist. Danke, denn durch die Kraft der Vergebung bin ich jetzt frei. Danke, für die gemachte Erfahrung.

Um die Situation oder unsere wiederkehrenden Emotionen tiefgründig zu hinterfragen, können wir uns fragen:

Was ist in mir, dass ich mit diesen Gefühlen
in Berührung komme und sie mir in meinem
Leben begegnen?

Etwas möchte vielleicht gesehen und aufgelöst
werden. Manchmal hilft es auch, diese Frage
aufzuschreiben und zu warten, on die Antwort in uns
hochkommt. Durch die tägliche Meditations-Praxis
kommen manchmal unerwartet Antworten hoch.

VERGEBUNGS-MEDITATION

Diese relativ einfache und kurze Meditation hat unterbewusst eine große Wirkung auf Deine Seele und Dein Wohlbefinden.

Was bringt es dir? Befreiung, Zufriedenheit, Familienverbundenheit

Wieviel Zeit kostet es dich? 2 Minuten

Was ist dabei wichtig?

Setze Dich an einen ruhigen und bequemen Ort und schließe die Augen. Atme drei Mal ruhig und tief ein und aus. Visualisiere einen für Dich wundervollen Ort, an dem Du Dich sicher und geborgen fühlst. Die Person, der Du vergeben möchtest kommt hinzu (Du selbst oder eine andere Person) und betritt diesen Ort. Du lädst diese Person ein, näher zu kommen. Vergib ihr oder ihm und / oder Dir selbst.

Diese Meditation kannst Du bei Bedarf wiederholen, so oft Du das Gefühl hast, das sie Dir helfen kann.

SCHAMANISCHES VERGEBUNG

Dieses Vergebung betrifft Menschen, die uns verletzt haben. Sie wird allein in unseren Gedanken und unserer Vorstellung ausgeführt.

Was bringt es Dir? Zufriedenheit

Wieviel Zeit kostet es dich? 1 Minute

Was ist dabei wichtig? Das wir es ernst meinen

Dafür stellen wir uns die Person, die uns verletzt hat in Gedanken vor und sprechen den Satz laut oder ebenfalls in Gedanken:

„Danke für die Erfahrung, die ich machen durfte. Ich möchte sie nicht noch einmal machen aber ich habe daraus gelernt und ich danke dir dafür.."

Dieser einfache Satz hat eine große Wirkung auf unser persönliches Wohlbefinden und unsere Zufriedenheit.

(Nach Alberto Villoldo)

SELBST-EMPATHIE, SELBSTLIEBE UND SICH SELBST VERZEIHEN

Selbstvorwürfe, Mangelgefühl und Unzufriedenheit nehmen uns die Chance glücklich zu sein. Fehler machen gehört im Leben dazu. Die Frage ist allerdings immer, wie wir damit umgehen. Viele von uns neigen dazu, sich selbst hart dafür zu verurteilen, wenn sie Fehler gemacht haben und hängen diesen noch lange nach. Das ist wenig sinnvoll und trägt auch nicht zu unserem Wohlbefinden und zu unserer Zufriedenheit bei. Das wir aus Fehlern lernen ist der Idealzustand. Aber auch, dass wir uns selbst verzeihen können ist enorm wichtig. Denn wir alle machen Fehler, niemand ist frei davon. Wichtig dabei ist, wie wir damit umgehen und das wir wissen, dass wir das ändern können. Wir können uns ändern. Jederzeit.

Was bringt es? Zufriedenheit, Wertschätzung

Wieviel Zeit braucht es? Individuell

Was ist dabei wichtig? Wiederholen

Wenn wir wieder mal in der Spirale der Selbstvorwürfe hängen, können wir uns einem Moment Zeit nehmen um die folgenden Affirmationen und Mantras zu verinnerlichen.

Ich bin gut genug

Ich kann das

Ich schaffe das

Ich bleibe in der Liebe, auch mir gegenüber

Ich bin im Vertrauen, dass alles gut geht

Ich verzeihe mir selbst und anderen

Ich tue was ich kann

5.

Mantras,

Glaubenssätze &

Mindset

Single Mom GO HAPPY

Anke Kerstin Huber

MANTRAS

Mantras sind ein großes Geschenk und haben eine unglaubliche Wirkung auf unser Unterbewusstsein. Täglich wiederholt, ob beim Meditieren oder an der Pinnwand gelesen und verinnerlicht - Mantras können viel in uns bewirken. Ob für die Liebe und Selbstliebe, für Vertrauen und Selbstvertrauen, für Frieden, persönlichen Erfolg oder Gesundheit. Gesungen, geflüstert oder gesprochen.

„Man" bedeutet Geist. „Tra" bedeutet überqueren. Ein Mantra, welches oft gesprochen wird, manifestiert sich in uns.

Schreibe dein Lieblings-Mantra auf. Du kannst es Dir auch aufhängen an einen Ort an dem Du es mehrmals am Tag lesen und kurz innehalten - es verinnerlichen kannst. Je öfter Du es wiederholst, desto schneller prägt es sich in Dein Unterbewusstsein ein.

Was bringt es? Selbstliebe, Selbstvertrauen, Mut,

Kraft. Eine dankbarere und zufriedenere Sicht auf die Dinge. Mehr Ruhe und Gelassenheit in emotionalen Situationen.

Wie lange dauert es? 1- 3 Minuten.

Was ist dabei wichtig? Ständige Wiederholung.

Ich kann mich jederzeit ändern

Ich kann meine Einstellung zum Leben jederzeit ändern

Ich kann das

Ich bin genug

Ich liebe mich

Ich bin entspannt

Ich weiß, in jedem Moment zweifelsfrei was für alle Beteiligten die beste Lösung ist

Ich bin es wert

Ich bin Liebe

Ich lasse los

Ich folge meinem Herzen

Frieden in mir

Kontrolle ist eine Illusion, real ist nur der gegenwärtige Moment

Leiden ist Widerstand gegen das was ist

Das Leben ist kein Wettkampf und ich bin dankbar für das was ich habe und bin

Ich wähle Zufriedenheit

Ich bin dankbar für die Guten Dinge meines Lebens

Ich bin dankbar für mein Kind / meine Kinder

Ich bin dankbar, dass wir alle gesund und am Leben sind

Ich wähle Dankbarkeit

Ich beschließe voll und ganz im gegenwärtigen Moment zu leben und ihn mit allem was er bringt anzunehmen

Ich verzeihe mir selbst und anderen

Gestalte dein Leben bewusst!

GLAUBENSSÄTZE

Glaubenssätze sind oft in unserer Kindheit entstanden, durch Verletzungen, Ängste oder Wut, die wir als Kinder erfahren haben und die unsere Seele verletzt haben. Oft sind sie durch einen Selbstschutz entstanden, haben sich dann aber so festgesetzt, dass wir heute in unserem Unterbewusstsein immer noch fest daran glauben. Diese destruktiven Glaubenssätze sind verantwortlich dafür, wie wir in unserem Leben auf bestimmte Ereignisse reagieren oder wie wir uns dabei fühlen. Leider sind sie meistens alles andere als nützlich für uns, ja, sie blockieren uns sogar manchmal und beeinflussen uns stark in eine oft unerwünschte Richtung. Wir können diese oft unbewussten, in uns schlummernden Glaubenssätze aber entdecken und dann bewusst ändern. Deshalb ist es wichtig, diese Glaubenssätze zu identifizieren, anzusehen, zu erkennen und dann durch neue zu ersetzen oder sie bewusst loszulassen. Dafür gibt es verschiedene Wege.

In diesem Kapitel möchte ich dir die Glaubenssätze zeigen, die in vielen von uns immer noch präsent sind und uns heute als Mütter, Alleinerziehende und Frauen generell daran hindern können Leichtigkeit, Freude und Zufriedenheit zu leben.

Du kannst Deine individuellen Glaubenssätze aufspüren, in dem Du immer wenn Du traurig oder wütend bist, Dich verletzt, nicht wertgeschätzt oder unverstanden fühlst nach innen schaust und versucht den Glaubenssatz zu identifizieren. Einfach ist es, wenn Du die Liste der typischen Glaubenssätze liest und spürst, mich welchen Du sofort in Resonanz gehst. Das klappt meistens recht gut.

ALTE GLAUBENSSÄTZE

Ich bin nicht gut genug

Ich schaffe das nicht

Ich muss das alles allein schaffen, mit mir
allein ausmachen

Ich bin keine gute Mutter, habe nicht genug
Zeit für mein Kind / meine Kinder

Ich werde abgewiesen

Ich finde keinen Partner weil ich alleinerziehend bin

Wenn Du herausgefunden hast, welche destruktiven Glaubenssätze in Dir aktiv sind, schreibe sie auf. Ein erster wichtiger Schritt ist getan: Du hast Deine alten Muster identifiziert.

Nun kannst Du Dir den neuen, konstruktiven Glaubenssatz daneben schreiben und aufhängen oder an einen Ort legen, an dem Du den Zettel siehst.

Wann immer Du Dich das nächste Mal schlecht fühlst, nimmst Du diese Sätze zu Hand. Du weißt jetzt schon, welcher alter Satz noch in Dir schlummert und Dich beeinflusst. Du kannst Dir jetzt denken:

„Ha! Du schon wieder. Ich weiß, dass Du nicht wahr bist und es ist Zeit für Dich zu gehen."

Dann sprichst Du für Dich den neuen Glaubenssatz. Die Wirkung zeigt sich sicher nicht bei den ersten Malen, aber je öfter Du diese Technik anwendest, desto besser kann sie wirken.

Eine weitere Methode ist gedanklich in die eigene Kindheit zurück zu gehen. Vielleicht erinnerst Du Dich an Situationen, in denen Du genau das erlebt hast, dass Dich dazu gebracht hat, diesen Glaubenssatz zu verinnerlichen. Stelle Dir Dich als Kind vor.

Nun gehst Du als der Erwachsene, der Du heute bist zu Dir als Kind, nimmst das Kind in den Arm und tröstet es.

Vielleicht kann Dir das Kind in Dir sagen, was es so verletzt hat. Oder anders:

Was hättest Du als Kind gern zu dem Erwachsenen gesagt, der Dich so verletzt hat?

Nun vergibst Du diesem Erwachsenen. Jetzt kannst Du den neuen Glaubenssatz als Mantra / Affirmation aufnehmen. Schreibe in auf und wiederhole ihn täglich.

Auch eine wunderbare Technik alte Muster loszulassen, ist die von Katie Byron, in „The Work", welche ich allen, die intensiver einsteigen und damit arbeiten wollen, sehr empfehlen kann. Dort findest Du eine gute Herangehensweise, etwa in dem Du Deine destruktiven Gedanken und Gefühle hinterfragst.

Zum Beispiel:

Ist das wirklich wahr?

Sind meine Gedanken und Gefühle wirklich wahr?

Wofür bin ich Dankbar?

Bin ich mir sicher, dass das wirklich wahr ist?

Wie fühle ich mich mit diesem Gedanken?

Wie würde ich mich ohne ihn fühlen?

6.

Sorgenfreiheit

Single Mom GO HAPPY

Anke Kerstin Huber

Sorge dich nicht! Wer sich zu viel sorgt hat zu wenig Zeit zufrieden, glücklich und im jetzigen Moment allgegenwärtig zu sein.

Botschaft von Mooji

Sorge Dich nicht, lebe!

Unser Leben findet nur im Hier und Jetzt statt. Natürlich gehört Denken und Planen auch zu unserem Leben, sich ständig zu sorgen allerdings nicht. Denn Sorgen sind in diesem Moment nicht real sondern ein Produkt unseres Gehirns, dass in der Zukunft verweilt statt im Hier und Jetzt. Und es hindert uns daran bewusst im Jetzt zu sein und mit unseren Kindern den Moment zu genießen, zu lachen und einfach glücklich zu sein.

Vom Denken in die Wahrnehmung

Mache es Dir zur Gewohnheit, immer wieder, mehrmals täglich, den Schritt zu machen zum bewussten Beobachter zu werden und in die Wahrnehmung zu gehen. Mit der Zeit kannst Du dann immer öfter feststellen, dass Du nur noch der Beobachter bist.

„Denn Wahrnehmung macht keine Fehler, sie stellt nur fest, was ist."

Kurt Tepperwein

Das Urteilen und das Denken wird vollkommen ersetzt durch die Wahrnehmung. Worüber solltest Du auch ständig nachdenken, denn Du erlebst ja live was gerade in diesem Moment geschieht.

VERTRAUEN

Übung: Wann immer Du merkst, dass Du dir Sorgen machst oder Ängste sich einschleichen, beobachte diese Gedanken und versuche Dich bewusst ins Jetzt zurück zu holen.

Atme 3 x bewusst und tief ein und aus und versuche mehr Vertrauen ins Leben zu haben.

Was bringt es dir? Freude, gemeinsam

Wieviel Zeit kostet es dich? 2 Minuten

Was ist dabei wichtig? Erkennen, annehmen, verändern

Unterstützung durch das Umfeld

Gemeinsam sind wir stark!

Manchmal fällt es uns schwer alles alleine zu leisten und zu erfüllen, was im Alttag so anfällt und was unsere Kinder sich wünschen zu tun oder zu lernen. Als Mutter eines Sohnes gibt es bei uns beispielsweise vieles, dass ich ihm gar nicht bieten kann, wie zum Beispiel Handwerken, Schweißen, Reparieren, etc.. Doch auch hier gibt es Chancen und Lösungen, wie immer im Leben. Verbinde Dich mit Anderen und lass Dir helfen. Zum Beispiel durch die Familie, Freunde, andere Alleinerziehende, Nachbarschaft oder Gemeinschaft.

GEMEINSAME ZEIT MIT UNSEREN KINDERN

Ein ganz wichtiger Punkt im Zusammenleben mit unseren Kindern ist regelmäßig qualitative Zeit mit einander zu verbringen. In dieser gemeinsamen Zeit ist es außerdem wichtig, dass wir uns wirklich nur miteinander beschäftigen und nichts anderes nebenbei tun. Das fördert die Bindung, weil wir erkennen können, was unsere Kinder beschäftigt. Dadurch entsteht automatisch ein besseres Verständnis füreinander.

In unserem vollen Alltag gibt es oft zu wenig Zeit, um Probleme zu lösen und aufzuarbeiten. Umso wichtiger ist es, immer wieder einen Rückzug in den engeren Kreis der Familie vorzunehmen, damit Themen, die sich angestaut haben, verarbeitet werden können.

Quellenangabe und weiterführende
Informationen

Lehrer, Inspirationen und Quellen:

Kurt Tepperwein

Mooji

Alberto Villoldo

Thich Nhat Hanh

Eckart Tolle

Ravi Roy

Krishnamurti

Katie Byron